INHALTSVERZEICHNIS

Nach den Regeln der neuen Rechtschreibung

Titel der französischen Ausgabe:
L'imagerie de la Bible
ISBN: 3-89717-086-8
Satz: A & M dtp, Stuttgart
Printed in Italy by LEGO

Dein buntes Wörterbuch der Bibel

Text und Idee:
Emilie Beaumont

Illustrationen:
Colette David, Isabella Misso, M.I.A.

Aus dem Französischen von Katharina Herrmann

FLEURUS VERLAG

FLEURUS VERLAG, Mainzer Straße 116, 66121 Saarbrücken

WAS IST DIE BIBEL?

Die Bibel ist ein dickes Buch. Sie umfasst viele einzelne Bücher. Jedes dieser Bücher erzählt Geschichten über Gott, der zu den Menschen kommt und ihr Freund sein will.

Lange Zeit wurden die Geschichten der Bibel nur mündlich weitererzählt.

Vor ungefähr 2500 Jahren begann man sie auf dünne Tierhäute, dem Pergament, niederzuschreiben.

Man hat aber auch Tontafeln gefunden, in die Geschichten eingeritzt waren.

Vor einiger Zeit wurde in Israel eine Sammlung von Bibeltexten entdeckt. Sie waren auf Pergamentpapier geschrieben und über 2000 Jahre alt. Man hatte sie damals in Tonkrüge eingeschlossen und in Höhlen in der Nähe des Toten Meeres versteckt.

DAS ALTE TESTAMENT

Der erste Teil der Bibel ist das Alte Testament.
Es erzählt, wie Gott das Volk Israel auserwählt hat.
Er wollte, dass es ihn kennen und lieben lernt.

Geschichten wie die Schöpfungsgeschichte erklären in Gleichnissen, dass Gott die Welt als Geschenk für die Menschen erschaffen hat. Andere erzählen von wichtigen Personen, wie zum Beispiel von Abraham, der als Erster Gottes Freund wurde.

Auch die Geschichte von Moses, der die Israeliten aus der Gefangenschaft führte und von Gott die 10 Gebote erhielt, ist dort aufgeschrieben. Die Weissagungen der Propheten erinnern daran, dass Gott die Menschen niemals alleine lässt.

DAS NEUE TESTAMENT

Der zweite Teil der Bibel ist das Neue Testament. In ihm wird das Leben von Jesus, dem Sohn Gottes, erzählt. Gott hat ihn auf die Erde geschickt, um die Menschen vom Bösen und vom Tod zu erlösen.

Im Neuen Testament erzählen die vier Evangelisten das Leben Jesu von der Geburt bis zu seinem Tod und seiner Auferstehung. Sie berichten, was er getan und gesagt hat, wer seine Freunde waren und was die Leute über ihn geredet haben.

Die anderen Texte des Neuen Testaments handeln davon, was die Freunde von Jesus, die ersten Christen, getan und gesagt haben. Sie wollten allen Menschen die Frohe Botschaft verkünden, die Jesus ihnen anvertraut hatte.

DAS ALTE TESTAMENT

GOTT ERSCHAFFT DIE WELT

Am Anfang gab es nichts: keinen Himmel, keine Erde, keine Meere.
Es gab nur Gott. Dann erschuf Gott die Welt.

Zuerst war das Universum nichts als eine formlose, schwarze Masse.

Gott sagte: „Es werde Licht!“ Und es wurde hell.

Daraufhin erschuf Gott den Himmel über der Erde und die Wolken.

Weiter sprach Gott: „Trockenes Land soll sich aus dem Wasser erheben!“

Die Schöpfungsgeschichte erzählt, dass Gott die Welt in sechs Tagen erschaffen hat.

Gott sprach: „Die Erde soll Gräser, Blumen und Bäume hervorbringen!“

Dann ließ er die Sonne, den Mond und die Sterne am Himmel erscheinen.

Gott sagte: „Die verschiedensten Tiere sollen die Meere und das Land bevölkern und sich vermehren!“ Und so geschah es.

DIE ERSCHAFFUNG DES MENSCHEN

Am sechsten Tag sagte Gott: „Nun will ich einen Menschen schaffen und dieser Mensch soll mir gleichen!“

Also formte Gott den Mann und die Frau so, dass sie ihm ähnlich waren. Sie sollten glücklich sein. Deshalb schenkte er ihnen einen wunderschönen Garten: das Paradies.

Dort lebten sie, umgeben von schönen Blumen und Bäumen mit herrlichen Früchten. Sie badeten im klaren Wasser der Bäche, die durch den Garten flossen. Kleider brauchten sie keine, sie waren nackt.

Die Tiere waren ihre Freunde und lebten friedlich mit ihnen zusammen. Oft besuchte Gott den Mann und die Frau in ihrem Garten. Er war ihr bester Freund.

Nur eines hatte Gott den Menschen verboten. Sie durften keine Frucht vom Baum der Erkenntnis essen. „Sonst müsst ihr sterben!“, sagte Gott.

Der Teufel kam in Gestalt einer Schlange zu der Frau und flüsterte ihr listig zu: „Wenn ihr von diesen Früchten esst, könnt ihr wie Gott werden!“

Die Frau konnte nicht widerstehen, brach eine Frucht ab und gab auch dem Mann davon zu essen. Gott sagte zu ihnen: „Weil ihr mir nicht vertraut habt, müsst ihr von nun an arbeiten, um zu leben. Ihr werdet Schmerzen ertragen und sterben müssen!“

Und Gott verjagte sie aus dem Paradies. Nun zogen Streit, Kriege, Krankheiten und Tod in die Welt ein. Der erste Mensch wurde „Adam“ genannt, das heißt „Sohn der Erde“ und die erste Frau „Eva“, die „Mutter der Menschen“.

DIE ARCHE NOAH

Adam und Eva bekamen Kinder, die auch wieder Kinder bekamen. Überall, auf der ganzen Erde, lebten nun die Menschen. Aber überall herrschten Gewalt und Bosheit.

Gott war unzufrieden. Er beschloss all die Bosheit zu vernichten. Es gab aber einen guten Menschen. Er hieß Noah. Gott ließ ihn ein großes Schiff bauen und mit seiner Familie darin Zuflucht suchen. Von jeder Tierart sollte Noah ein Männchen und ein Weibchen mitnehmen.

Als die Tiere mit Noahs Familie an Bord gegangen waren, begann es zu regnen. Nach und nach verschwanden die Häuser, die Bäume und sogar die Berge im Wasser.

Blitze und Donner begleiteten die Sintflut. Die Arche begann zu schwimmen. Die Bösen, Eifersüchtigen und Hochmütigen jedoch ertranken in den Wassermassen.

Dann hörte der Regen auf. Noah ließ eine Taube fliegen. Sie flatterte davon und kam mit einem Olivenzweig zurück. Er ließ sie ein zweites Mal fliegen, aber sie kam nicht wieder. Sie hatte einen Baum gefunden, auf dem sie ein Nest bauen wollte.

Da wusste Noah, dass sie die Arche nun verlassen konnten. Er und seine Familie dankten Gott, dass er sie gerettet hatte. Und Gott versprach, nie mehr das, was er geschaffen hatte, zerstören zu wollen. Zum Zeichen der Freundschaft und Verbundenheit malte Gott einen Regenbogen an den Himmel.

DER TURMBAU ZU BABEL

Noah hatte viele Kinder, Enkel und Urenkel.
Sie lebten alle zusammen und sprachen die gleiche Sprache.

Eines Tages beschlossen sie einen Turm zu bauen, der bis an den Himmel reichen sollte. Sie arbeiteten so sehr, dass sie Gott völlig vergaßen. Darum verdrehte Gott alles, was sie sagten. Auf einmal redete jeder in einer anderen Sprache.
Sie mussten mit dem Turmbau aufhören, denn sie verstanden sich nicht mehr.

ABRAHAM

Da sie nun nicht mehr miteinander sprechen konnten, zerstreuten sich die Menschen über die ganze Erde. Viele, viele Jahre später redete Gott mit Abraham, einem alten Mann, der im Kreis seiner Familie lebte.

Gott befahl ihm seine Heimat zu verlassen und nach Kanaan zu ziehen. Er versprach ihm einen Sohn und dass er der Vater eines großen Volkes werden würde.

DER SOHN ABRAHAMS

Abraham gehorchte Gott und zog mit seiner Frau, seiner Familie und seinen Tieren in das neue Land. Die Zeit verging.

Eines Tages schickte Gott drei fremde Männer zu Abraham. Sie kündigten ihm an, dass seine Frau Sara bald einen Sohn bekommen würde.

Als Sara das hörte, lachte sie. Sie war doch schon so alt! Aber für Gott ist nichts unmöglich. Als Abraham 100 Jahre alt wurde, bekam Sara einen Sohn: Isaak.

ABRAHAMS OPFER

Eines Tages befahl Gott Abraham, er solle ihm das liebste, was er habe, opfern.

Abraham verstand Gottes Wunsch nicht, aber er gehorchte. Gemeinsam mit seinem Sohn Isaak stieg er auf einen Berg. Dort wollte er seinen Sohn opfern.

Als Gott sah, dass Abraham ihn so lieb hatte, dass er sogar seinen Sohn töten wollte, schickte er einen Engel. Zum Dank opferte Abraham einen Widder.

EINE FRAU FÜR ISAAK

Isaak war ein junger Mann geworden. Als Abraham spürte, dass er bald sterben würde, schickte er einen Diener in sein altes Heimatland, um dort nach einer Frau für seinen Sohn zu suchen.

Der Diener brach mit vielen Geschenken auf. An einem Brunnen traf er eine junge Frau. Er war sich sicher, dass Gott sie für den Sohn seines Herrn ausgewählt hatte.

Die junge Frau hieß Rebekka. Ihre Familie ließ sie mit ihren Dienerinnen ziehen. Gott wollte es so. Isaak freute sich sehr, dass er Rebekka heiraten durfte.

JAKOB UND ESAU

Rebekka und Isaak bekamen Zwillinge. Der ältere hieß Esau und der jüngere Jakob. Sie ähnelten sich nicht, denn Esau war ein wilder Junge und hatte dichte, rote Haare. Jakob war ein ruhiges Kind.

Esau war der Liebling Isaaks und ein sehr geschickter Jäger. Keiner konnte es ihm gleichtun. Jakob hingegen war Rebekkas Liebling.

Jakob blieb gerne in der Nähe seiner Mutter. Als Isaak im Sterben lag, bat er Esau, ihm ein letztes Mal ein Wild zu jagen, das er ganz besonders liebte.

Rebekka hörte Isaaks Worte und befahl Jakob, seinem Vater eine letzte Mahlzeit zu bringen. Weil sie wollte, dass der Vater ihn segnete und ihm seinen Besitz vermachte, sollte Jakob sich als der ältere Sohn ausgeben.

Damit Isaak den Betrug nicht bemerkte, bedeckte Rebekka Jakobs Körper mit Fellen, sodass er sich wie Esau anfühlte. Und Isaak, der blind geworden war, hielt Jakob für seinen ältesten Sohn und segnete ihn.

Als Esau von der Jagd zurückkam, stürzte er sofort zu seinem Vater. Als er aber merkte, dass er betrogen worden war, schrie und tobte Esau. Er hatte eine entsetzliche Wut auf seinen Bruder.

JAKOBS FLUCHT

Esau wollte seinen Bruder töten, sobald sein Vater gestorben war. Voller Angst bat seine Mutter Jakob, das Haus zu verlassen.

Jakob zog fort. Er hoffte, die Wut seines Bruders würde vorübergehen.

Er ging zu seinem Onkel. Dieser hatte zwei Töchter: Lea und Rachel.

Ohne Murren verrichtete Jakob alle Arbeiten, die man ihm auftrug.

Zum Dank gab ihm sein Onkel seine Tochter Lea zur Frau.

JAKOB KEHRT ZURÜCK

Nach der Hochzeit arbeitete Jakob noch einige Jahre bei seinem Onkel und heiratete schließlich auch Rachel.

Bald beschloss Jakob mit seiner Familie in die Heimat zurückzukehren. Eines Nachts, es war auf der Heimreise, kämpfte er gegen einen seltsamen Fremden. Dieser sagte ihm, dass er nicht mehr Jakob, sondern Israel heißen solle.

Jakob bat Gott um seinen Beistand. Er fürchtete, sein Bruder, den er so lange nicht mehr gesehen hatte, könnte immer noch wütend auf ihn sein. Aber während des Wiedersehens umarmte Esau seinen Bruder und beide weinten vor Freude.

JOSEF, DER LIEBLINGSSOHN

Jakob hatte zwölf Söhne, aber Josef war ihm der liebste. Denn Josef war der Sohn von Rachel, der Frau, die er am meisten liebte.

Jakob schenkte Josef ein wunderschönes Gewand. Seine Brüder wurden bald eifersüchtig, begannen ihn zu hassen und wollten ihn loswerden.

Eines Tages, als sie gemeinsam die Schafe hüteten, packten die Brüder Josef und warfen ihn in einen Brunnen. Sein Gewand tränkten sie mit Ziegenblut. So musste der Vater denken, ein wildes Tier hätte Josef gefressen.

DER VERKAUFTE JOSEF

Die Brüder hatten ein schlechtes Gewissen. Sie befreiten Josef aus dem Brunnen und verkauften ihn an vorüberziehende Kaufleute.

Die Kaufleute waren auf dem Weg nach Ägypten. In Ägypten verkauften sie Josef an den Obersten der Leibwache des Pharaos. Die Zeit verging und Josef wurde ein schöner junger Mann.

Eines Tages hatte der Pharao einen seltsamen Traum, den er sich von Josef erklären ließ. Josef sagte sieben Jahre reiche Ernten in Ägypten voraus, denen sieben Jahre Hungersnot folgen sollten. Und er riet dem Pharao für diese Zeit Vorräte anzulegen.

JOSEF TRIFFT SEINE BRÜDER WIEDER

Als die Hungersnot kam, waren die Kornkammern in Ägypten voll. Die Menschen reisten von sehr weit an, um Getreide zu kaufen. Auch Josefs Vater trug seinen Söhnen auf nach Ägypten zu gehen.

Josef war inzwischen sehr mächtig geworden. Seine Brüder erkannten ihn nicht und baten ihn um Getreide. Josef zögerte, aber dann gab er sich zu erkennen.

Er verzieh ihnen und bat sie zu ihrem Vater Jakob zurückzukehren und mit ihm, ihren Herden und all ihrem Besitz nach Ägypten zu kommen. Denn die Hungersnot war noch lange nicht zu Ende.

DAS LEBEN IN ÄGYPTEN

Josefs Vater und seine Brüder lebten nun in Ägypten. Über viele, viele Jahre hinweg wurde aus der Familie ein ganzes Volk: die Israeliten.

Die Israeliten bauten ihre Häuser nahe am Nil, dem großen ägyptischen Fluss, der durch Ägypten fließt. Dort war die Erde besonders fruchtbar. Für die Mauern ihrer Häuser verwendeten sie Backsteine, die sie selbst aus Lehm und Stroh herstellten.

Das Leben der Israeliten war durch die Nilhochwasser bestimmt. Wenn die Erntezeit kam, schnitten die Männer das Getreide mit Sicheln und dann siebten die Frauen das Korn.

Die Israeliten wurden reich und mächtig. Sie waren glücklich, denn es fehlte ihnen an nichts. Sie lebten vom Fischfang und bauten Gemüse, Obst und Getreide an.

Die Fischer bauten sich ihre Boote aus zusammengebundenen Papyrusstauden. Papyrus ist eine Pflanze, die am Nil wächst. Die Fische fingen sie mit Harpunen oder Netzen, die ebenfalls aus Papyrus geflochten waren.

Jeden Tag gingen die Israeliten wie die Ägypter auf den Markt, um Lebensmittel und andere Dinge zu tauschen. Geld gab es nicht.

DER PHARAO UND DIE ISRAELITEN

Der Pharao war sehr mächtig. Er lebte in einem wunderschönen Palast. Für die Götter ließ er Tempel bauen und für sich selbst eine Pyramide, in der er später auch bestattet wurde.

Lange Zeit, nachdem sich Jakobs Söhne in Ägypten angesiedelt hatten, beschloss der Pharao die Israeliten zu Sklaven zu machen, denn sie wurden ihm zu mächtig. Er fühlte sich durch sie bedroht.

Die israelitischen Sklaven mussten alle schweren Arbeiten verrichten. Wenn sie müde waren oder nicht schnell genug arbeiteten, wurden sie oft geschlagen.

Auch in der größten Hitze durften sie sich nicht ausruhen. Sie mussten ganze Städte und lange Straßen bauen.

Manche Sklaven verbrachten ihr ganzes Leben auf einer Baustelle, auf der ein Tempel oder ein Palast errichtet wurde. Sie mussten riesige Steine bewegen.

DER ENTSCHLUSS DES PHARAOS

Aber der Pharao machte die Nachkommen Jakobs nicht nur zu Sklaven. Er gab auch den Befehl, alle männlichen Neugeborenen der Israeliten zu töten.

Wenn ein kleiner Junge geboren war, kamen die Soldaten und rissen die Kinder aus den Armen ihrer Mütter.

Einer Familie gelang es, ihr Baby zu verstecken. Aber nach drei Monaten konnten sie es nicht mehr behalten. Deshalb flocht die Mutter ein Körbchen aus Schilf.

In dieses Körbchen legte sie ihr Baby, verschloss es und legte es am Nilufer ab. Die Schwester des Jungen versteckte sich, um zu sehen, was passierte.

Schon bald kam eine Prinzessin, die Tochter des Pharaos ans Flussufer. Sie wollte dort baden. Sie sah das Körbchen, öffnete es und entdeckte den Jungen.

MOSES, „DER AUS DEM WASSER GERETTETE“

Die Prinzessin erkannte sofort, dass sie ein israelitisches Kind gefunden hatte. Trotzdem beschloss sie, das Baby zu behalten und niemandem, davon zu erzählen, auch nicht ihrem Vater.

Diesen Moment nutzte die Schwester des Jungen. Sie bot der Prinzessin an eine Pflegemutter für das Kind zu suchen.

So konnte der Junge wieder nach Hause zu seiner Mutter. Sie zog ihn auf. Als er etwas größer war, adoptierte ihn die Prinzessin und nannte ihn Moses.

MOSES ALS ÄGYPTER

Moses wurde im Palast wie ein ägyptischer Prinz erzogen.
Aber eines Tages entdeckte er, dass er in Wirklichkeit ein Israelit war.

Moses beaufsichtigte die großen Baustellen des Pharaos. Es fiel ihm sehr schwer mitansehen zu müssen, wie die israelitischen Sklaven litten.

So kam es, dass Moses einmal besinnungslos vor Wut einen Ägypter erschlug, der einen Sklaven grausam ausgepeitscht hatte. Den Toten vergrub Moses im Sand.

MOSES FLIEHT AUS ÄGYPTEN

Nun war Moses in Gefahr, denn als der Pharao von dieser Tat hörte, schickte er seine Soldaten aus. Sie sollten Moses töten.

Moses verließ Ägypten und floh in die Wüste. Als er sich an einem Brunnen ausruhte, sah er einige junge Frauen, die Wasser holen wollten.

Hirten wollten die Mädchen verjagen, doch Moses verteidigte die Frauen. Als Dank durfte er eines der Mädchen heiraten.

DER BRENNENDE DORNBUSCH

Moses zog zu seiner Frau und wurde Hirte. Er lebte glücklich mit seiner neuen Familie zusammen. Aber er dachte auch oft an seine alten Freunde, die er in Ägypten zurückgelassen hatte.

Beim Weiden seiner Schafe fiel Moses eines Tages ein Dornbusch auf, der in Flammen stand, aber nicht verbrannte. Verblüfft näherte er sich. Da sagte eine Stimme: „Ich bin der Gott Abrahams und Jakobs. Geh und befreie mein Volk!“

MOSES SPRICHT MIT GOTT

Gott beauftragte Moses den Pharao aufzusuchen und ihn um die Freilassung seines Volkes zu bitten. Es sollte nicht länger leiden.

Moses erschrak. Warum sollte der Pharao auf ihn hören? Da befahl ihm Gott, seinen Hirtenstab auf den Boden zu werfen. Er verwandelte sich in eine giftige Schlange.

Moses ergriff den Schwanz der Schlange und hielt wieder seinen Stab in der Hand. Da wusste er, dass Gott auf seiner Seite stand und ihm Kraft geben würde. Zusammen mit seinem Bruder Aaron kehrte er nach Ägypten zurück.

MOSES VOR DEM PHARAO

Moses und Aaron traten vor den Pharao und baten ihn, die Israeliten ziehen zu lassen. Aber der Pharao weigerte sich. Da warf Aaron seinen Stab auf den Boden und er verwandelte sich in eine Schlange.

Der Pharao befahl seinen Zauberern, es Aaron gleichzutun. Und da wurden auch die Stäbe der Zauberer zu Schlangen! Aarons Schlange jedoch fraß sie alle auf. *Trotzdem gab der Pharao nicht nach*.

DIE ZEHN GROSSEN PLAGEN

Gott hatte Moses angekündigt, dass Katastrophen über Ägypten kommen würden, sollte der Pharao nicht nachgeben. So geschah es.

Gott befahl Moses mit seinem Stab auf das Wasser des Nils zu schlagen. Sofort verwandelte sich das Wasser in Blut. Die Fische starben alle und die Ägypter hatten nichts mehr zu trinken. *Aber der Pharao gab nicht nach.*

Gott befahl Aaron, den Stab über die Flussarme und Sümpfe auszustrecken. Sofort stiegen Tausende von Fröschen an die Ufer und drangen in die Häuser ein. *Aber der Pharao gab nicht nach.*

Aaron schlug mit dem Stab auf den Sand. Auf der Stelle fielen Tausende von Stechmücken über die Ägypter her. Es war eine entsetzliche Plage. *Aber der Pharao gab nicht nach.*

Also schickte Gott eine schlimme Krankheit, die alle Tiere der Ägypter tötete: die Kamele, die Schafe, die Ziegen und die Kühe. Die Ägypter waren verzweifelt. Was für ein Unglück! *Aber der Pharao gab nicht nach.*

Gott befahl Moses seine Hand gegen den Himmel auszustrecken. Sofort bildeten sich dicke, schwarze Wolken, Donner grollte und ein furchtbarer Hagel zerstörte alles, was die Ägypter angebaut hatten. *Aber der Pharao gab nicht nach.*

Da ließ Gott einen starken Wind aufkommen, der unzählig viele Heuschrecken ins Land brachte. Sie zerfraßen alles: das Gras, die Blätter, das Getreide auf den Feldern und die Früchte. *Aber der Pharao gab nicht nach.*

Noch immer waren die Israeliten nicht frei. Deshalb schickte Gott eine weitere Plage. Drei Tage lang wurde es Nacht in Ägypten. Die entsetzten Ägypter dachten, das Ende der Welt sei gekommen.

Der wütende Pharao ließ Moses und Aaron zu sich rufen. Er verlangte, dass die Israeliten sein Land verlassen sollten. Ihren Besitz sollten sie aber nicht mitnehmen. Moses weigerte sich. *Aber der Pharao gab auch nicht nach.*

DIE LETZTE PLAGE

Gott teilte Moses mit, dass er eine letzte Katastrophe schicken würde. Gegen Mitternacht sollte in jedem ägyptischen Haus der älteste Sohn sterben. Die Israeliten jedoch würden verschont bleiben.

Moses erklärte den Israeliten, dass sie sich für einen baldigen Aufbruch bereithalten sollten. Bei Sonnenuntergang waren alle reisefertig. Sie aßen noch ein gebratenes Lamm und etwas ungesäuertes Brot.

Mit dem Blut des Lammes bestrichen die Israeliten ihre Türpfosten. So blieben sie von der letzten Katastrophe verschont. In jener Nacht starb in jedem ägyptischen Haus der älteste Sohn. Auch im Palast. *Da gab der Pharao nach und ließ die Israeliten frei.*

DAS PASCHAFEST

Der Tag des Aufbruchs wurde für die Israeliten zu einem Festtag, denn er bedeutete das Ende der Gefangenschaft. Dieser Tag wird heute noch jährlich gefeiert, indem man Lammfleisch und ungesäuertes Brot isst.

Die Ägypter waren erleichtert, als sie die Vorbereitungen der Israeliten sahen und baten sie, nur ja schnell aufzubrechen. Sie gaben ihnen sogar Schmuck und Gold.

DER PHARAO VERFOLGT MOSES

Moses, von Gott geleitet, führte sein Volk durch die Wüste bis an das Ufer des Roten Meeres.

Moses wusste immer den Weg, denn Gott begleitete sie tagsüber in einer Wolke. Nachts zeigte er ihnen mit einer Säule aus Feuer den Weg.

Der Pharao bereute inzwischen, dass er die Israeliten hatte ziehen lassen. Wer sollte jetzt die schwere Arbeit machen? Mit Streitwagen jagte er hinter ihnen her.

DURCH DAS ROTE MEER

Als die Israeliten die Armee des Pharaos immer näher kommen sahen, ergriff sie Panik. Aber Moses beruhigte sie: Gott würde sie nicht im Stich lassen.

Gott befahl Moses seine Hand über das Meer zu strecken. Da kam ein starker Wind auf, der das Wasser teilte und einen Weg zum anderen Ufer freigab. Die Israeliten beeilten sich die Wasserschlucht zu durchqueren.

GOTT RETTET SEIN VOLK

Die Streitwagen des Pharaos verfolgten sie. Sie waren mitten im Meer, als die Israeliten sicher am anderen Ufer ankamen.

Gott befahl Moses wieder seine Hand auszustrecken. Unter mächtigem Getöse flossen die Wassermassen zurück und spülten die Armee des Pharaos weg.

Die Israeliten waren gerettet. Gott hatte sie für immer von den Ägyptern befreit! Vor Freude begannen sie zu tanzen und Gott zu Ehren Lieder zu singen.

DURCH DIE WÜSTE

Nun begann für Moses und sein Volk der lange Weg durch die Wüste nach Kanaan. Die Reise schien endlos zu sein. Es gab viele schwierige Augenblicke. Aber auch viele schöne.

Manchmal zweifelten die Israeliten an Gott, vor allem, wenn sie nichts mehr zu essen hatten. Sie beschwerten sich dann bei Moses. Gott hörte ihre Klagen.

Jeden Morgen bedeckte Gott den Boden mit kleinen, weißen Körnern, die sehr süß schmeckten. Man konnte Brot aus ihnen backen. Die Israeliten nannten diese Körner „Manna“. Das heißt so viel wie „Brot, das vom Himmel fällt“.

MOSES UND DIE ZEHN GEBOTE

Die Israeliten lagerten am Fuß des Berges Sinai.
Hier wollte Gott durch Moses zu seinem Volk sprechen.

Am Morgen des dritten Tages ertönte eine Posaune, es donnerte, blitzte und der Berg spuckte Feuer und Rauch. Moses stieg allein auf den Gipfel. Dort schloss Gott mit Moses und seinem Volk einen Bund. Er gab ihm zehn Gebote, die dem Volk helfen sollten immer in Freundschaft mit Gott zu leben:
„Du sollst außer mir keine anderen Götter haben. Du sollst dir kein Bild von mir machen. Missbrauche meinen Namen nicht. Du sollst am Sonntag ruhen, er ist ein heiliger Tag. Ehre deinen Vater und deine Mutter. Töte keinen Menschen. Du sollst nicht ehebrechen. Du sollst nicht stehlen. Du sollst nicht lügen. Du sollst nicht das besitzen wollen, was einem Anderen gehört.“
Diese Gebote waren in Steintafeln geritzt. Man nennt sie die Gesetzestafeln.

DAS GOLDENE KALB

Moses sprach lange mit Gott. Es war ein Gespräch wie unter Freunden. Am Fuß des Berges wurden die Israeliten allmählich ungeduldig. Sie konnten Gott nicht sehen und dachten, Moses sei gestorben.

Deshalb sagten die Israeliten: „Wir machen uns einen Gott, den wir sehen und anfassen können!" Sie schmolzen all ihr Gold ein und gossen daraus ein goldenes Kalb. Sie sangen und tanzten um das Tier und beteten es an, als wäre es ein Gott.

Auf einmal stand Moses vor ihnen. Als er das Kalb sah, warf er die Gesetzestafeln voller Zorn auf den Boden, sodass sie zerbrachen. Er zerstörte das goldene Kalb. Dann kehrte er auf den Berg zurück, um Gott um Verzeihung für sein Volk zu bitten.

DAS VERSPROCHENE LAND

Gott verzieh den Israeliten. Noch einmal schrieb er seine Gebote auf Tafeln. Moses kehrte zu seinem Volk zurück und alle versprachen Gott treu zu sein und seine Gebote zu achten. Dann brachen sie wieder auf.

Nach vielen Jahren in der Wüste kamen die Israeliten endlich in dem Land an, das Gott ihnen versprochen hatte. Moses war glücklich, denn nun hatte er seinen Auftrag erfüllt und durfte sterben.

Doch die Israeliten waren nicht willkommen. Die Bewohner der Stadt Jericho weigerten sich sie aufzunehmen. Gott wurde zornig. Auf seinen Befehl hin schrien die Israeliten laut und die Priester bliesen in ihre Hörner, bis die Stadtmauern einstürzten.

DIE FEINDE DES GOTTESVOLKES

Nachdem sie Jericho erobert hatten, besetzten die Israeliten das Land. Aber sie mussten gegen viele mächtige Feinde zahlreiche Kriege führen.

Die Anführer der Israeliten riefen Gott oft um Hilfe an. Es gelang ihnen immer wieder ihre Gegner zu besiegen, denn Gott war auf ihrer Seite.

Manchmal überfielen die Feinde schutzlose Menschen, die sich nicht wehren konnten. Sie drangen in die Zelte ein und machten Jagd auf deren Bewohner.

SAMSON UND DER LÖWE

Manchmal wählte Gott Männer aus, denen er seine Kraft gab. Sie konnten die stärksten Feinde besiegen. Samson war einer von ihnen.

Eines Tages besuchte ein Engel ein Paar, das sich schon lange ein Kind wünschte. Der Engel sprach: „Ihr werdet ein Kind bekommen, das große Siege erringen wird. Es wird sehr stark sein, doch dürft ihr ihm nie die Haare schneiden."

Das Kind wurde ein schöner junger Mann. Er war sehr stark, denn Gottes Kraft war in ihm. Er konnte sogar mit bloßen Händen einen Löwen in Stücke reißen.

SAMSON UND DELILA

Samson tötete viele Philister, bis er sich in die junge Delila verliebte. Die Philister versprachen Delila viel Geld, wenn sie das Geheimnis um Samsons Kraft herausfände.

Delila bat Samson ihr sein Geheimnis anzuvertrauen. Er erklärte ihr, dass seine Kraft verschwände, wenn er mit Bogensehnen gefesselt würde. Delila band ihm die Hände zusammen und rief die Philister, die schon in der Nähe warteten.

Aber Samson sprengte seine Fesseln. Er hatte Delila angelogen. Doch sie ließ nicht locker. Schließlich verriet Samson ihr, dass er seine Kraft verlöre, wenn man ihm die Haare abschneiden würde. Da schnitt ihm Delila eines Nachts die Haare ab.

SAMSON IM TEMPEL

Mit seinen Haaren hatte Samson auch alle Kraft verloren.
Die Philister nahmen ihn gefangen.

Samson hatte so viele Philister getötet, dass die Soldaten sich jetzt an ihm rächten: Sie stachen ihm die Augen aus, warfen ihn ins Gefängnis und ketteten ihn dort an. Aber mit der Zeit wuchsen seine Haare nach.

Eines Tages sollte er im Tempel zum Gespött der Leute vorgeführt werden. Da betete Samson zu Gott, er möge ihm seine Kraft zurückgeben. Dann stemmte er sich gegen zwei große Säulen. Der Tempel stürzte ein und begrub alle unter sich.

DAVID GEGEN GOLIATH

Das Volk wollte unbedingt einen König haben. Gott wählte Saul aus. Aber Saul wandte sich von Gott ab. Da wurde Gott unzufrieden und sandte seinen Propheten Samuel, um einen neuen König zu finden.

Gott erwählte einen jungen Hirten. Er war fast noch ein Kind und hieß David. Samuel goss aus einem Horn duftendes Öl auf Davids Kopf und Gottes Geist erfüllte den Hirten. Bald darauf stand Sauls Heer den Philistern gegenüber.

Goliath, ein riesiger Kämpfer, machte sich über Sauls Soldaten lustig. Aber David hatte keine Angst, Gott war ja mit ihm. Er nahm einen Stein, legte ihn in seine Schleuder und tötete den Riesen. Die entsetzten Philister ergriffen die Flucht.

DAVID ALS KÖNIG

Nach Sauls Tod wurde David ein starker und mächtiger König. Er eroberte Jerusalem und ließ sich in dieser Stadt einen Palast bauen. Er hatte viele Kinder.

Einer seiner Söhne war Absalom. Er wollte an Davids Stelle König werden. Deshalb stellte er eine eigene Armee auf und zog gegen seinen Vater. David schickte ihm seine Soldaten entgegen, befahl ihnen aber Absalom nicht zu töten. Er liebte ihn sehr.

Davids Soldaten waren stärker und Absalom musste fliehen. Als er durch einen Wald galoppierte, blieb er mit seinen Haaren an einem Ast hängen. Entgegen Davids Anweisungen töteten ihn seine Verfolger. David aber weinte laut um seinen Sohn.

SALOMONS URTEIL

Als David starb, bestimmte er seinen Sohn Salomon zum Nachfolger. Er trug ihm auf ein weiser und gottesfürchtiger König zu werden.

Einmal kamen zwei Frauen mit einem Baby zu Salomon. Beide behaupteten, die Mutter des Kindes zu sein. Da befahl Salomon das Kind in zwei Hälften zu teilen und jeder Frau einen Teil zu geben. Die eine Frau war einverstanden, die andere wollte das Kind lieber hergeben als töten. Salomon erkannte, dass sie die Mutter war und gab ihr das Kind.

DER TEMPELBAU

Endlich zog Frieden in das Land ein. Salomon ließ in Jerusalem einen prächtigen Tempel für Gott bauen, wie es sein Vater, König David, gewünscht hatte.

Viele, viele Menschen arbeiteten an diesem Tempel mit: Schreiner, Steinmetze, Bildhauer und Maler. In der Mitte des Tempels wurde der Kasten mit den Gesetzestafeln aufbewahrt, die Gott Moses gegeben hatte.

DIE KÖNIGIN VON SABA

In einem Nachbarland wohnte die Königin von Saba. Sie besuchte Salomon, denn sie wollte den weisen König kennen lernen, der sein Volk so glücklich machte.

Die Königin brachte wertvolle Geschenke mit: wunderschöne Teppiche, Edelsteine, Gold. Sie stellte Salomon viele Fragen über Gott und erkannte, dass Gott Salomon zu einem sehr klugen und weisen Mann gemacht hatte.

DIE PROPHETEN

Die Nachfolger Salomons wandten sich von Gott ab. Die Kriege mit den Nachbarn begannen wieder. Doch Gott wollte die Israeliten nicht verlassen und sprach immer wieder durch Propheten zu seinem Volk.

Einer dieser Propheten war Elija. Gott sagte zu ihm: „Weil die Menschen andere Götter anbeten, soll es monatelang nicht regnen und eine Hungersnot beginnen". Dann befahl Gott Elija sich auf eine lange Reise zu begeben. Er sollte Wasser aus den Bächen trinken und das Brot und Fleisch essen, das die Raben ihm bringen.

Elija begegnete einer armen Witwe und ihrem Kind. Sie teilten das wenige Essen, das sie hatten, mit ihm und Gott ließ es nicht weniger werden. Eines Tages erkrankte das Kind und starb. Elija flehte zu Gott, er möge dem Jungen das Leben zurückgeben, und Gott erhörte ihn. Da sah die Witwe, dass Elija ein Mann Gottes war.

BAAL, DER FALSCHE GOTT

Während der langen Trockenzeit fingen die Israeliten an, einen fremden Gott anzubeten: Baal. Sie flehten Baal um Regen an. Aber Elija wollte sie überzeugen, dass nur Gott ihnen helfen konnte.

Elija ließ zwei Altäre errichten und die Priester des Baal ihren Gott um Feuer bitten. Nichts geschah. Elija lachte sie aus und betete zu seinem Gott. Da fiel Feuer vom Himmel und entzündete das Holz auf seinem Altar. Die Israeliten knieten nieder und bekehrten sich wieder zu Gott. Und Gott schickte ihnen den lang ersehnten Regen.

DER PROPHET JEREMIAS

Gott ließ Jeremias den Israeliten mitteilen, dass bald ein großes Unglück über sie hereinbrechen werde. Weil das Volk so viel Böses getan hatte, würde Jerusalem von den Babyloniern zerstört werden.

Jeremias versammelte die Einwohner Jerusalems um sich und wiederholte Gottes Worte. Er sagte ihnen, dass sie sterben würden, wenn sie nicht zu Gott umkehrten.

Einige Offiziere der Armee hörten seine Worte nicht gerne. Wütend ergriffen sie ihn und warfen ihn in einen Brunnen. Er hatte nichts zu trinken und nichts zu essen.

JERUSALEM BRENNT!

Jeremias wurde wieder freigelassen, aber das Volk hörte nicht auf ihn. Es glaubte seinen Worten nicht. Wenig später eroberte Nebukadnezar, der König von Babylon, die Stadt Jerusalem.

Auf Befehl des babylonischen Königs wurden der Tempel und der Palast zerstört. Die Stadtmauern wurden abgetragen und die Häuser angezündet. Die Bewohner wurden als Gefangene nach Babylon verschleppt.

NEBUKADNEZAR

Den König von Babylon plagten immer wieder die gleichen Albträume. Er suchte einen Mann, der ihm die Bilder aus seinen schlimmen Träumen deuten konnte.

Er fand Daniel, einen jungen und klugen Israeliten, den man zusammen mit anderen jungen Männern für den Dienst des Königs bestimmt hatte. Er ließ ihn zu sich rufen. Und mit Gottes Hilfe konnte Daniel dem König seinen Traum erklären.

Der König war dankbar und machte Daniel zu einem reichen Mann. Aber schon kurz darauf ließ er ein goldenes Standbild anfertigen. Genau so eines, wie er es in seinen Träumen gesehen hatte. Und er befahl Daniels Freunden es anzubeten.

Die drei Freunde Daniels weigerten sich vor dem Standbild niederzuknien. Daraufhin ließ sie der König in einen brennenden Feuerofen werfen. Doch die drei Männer beteten zu Gott und verbrannten nicht. Bestürzt holte sie der König wieder heraus.

Nebukadnezar hatte noch einen vierten Mann im Feuer gesehen. Da verstand er, dass der Gott der Israeliten sehr mächtig sein musste. Er umarmte die drei Freunde und verkündete, dass sein Volk von nun an den Gott der Israeliten anbeten solle.

DAS FEST DES BELSAZAR

Eines Tages gaben Belsazar, der Sohn Nebukadnezars, und seine Freunde ein rauschendes Fest. Sie tranken aus den goldenen Gefäßen, die Nebukadnezar aus dem Tempel in Jerusalem geraubt hatte.

Plötzlich begann eine unheimliche Hand etwas an die Wand des Palastes zu schreiben. Der König bekam Angst, er zitterte. Keiner konnte die Zeichen lesen. Also rief man Daniel, er solle die Schrift entschlüsseln.

Daniel las, was Gott geschrieben hatte: Gott wollte den König bestrafen, weil er aus den heiligen Gefäßen getrunken hatte. Er sollte nicht länger König sein und sein Reich würde geteilt werden. In der gleichen Nacht wurde Belsazar ermordet.

DANIEL IN DER LÖWENGRUBE

Der neue König von Babylon, Darius, liebte Daniel sehr. Die Berater des Königs wurden neidisch und rieten ihm zu einem neuen Gesetz. Jeder, der zu Gott betete, sollte den Löwen vorgeworfen werden.

Daniel betete natürlich weiter zu Gott und wurde in die Löwengrube geworfen. Darius war sehr traurig, aber er vertraute auf Daniels Gott. Tatsächlich taten die Löwen Daniel nichts. Als aber die Neider in die Grube geworfen wurden, fraßen die Löwen sie.

DER WIEDERAUFBAU JERUSALEMS

Die Bewohner Jerusalems waren aus ihrer Stadt vertrieben worden. Nun durften sie zurückkehren, um den Tempel Gottes neu zu bauen.

König Darius gab bekannt, dass alles Gold und Silber, das Nebukadnezar geraubt hatte, für den Tempel verwendet werden müsse. Keiner durfte dem zuwiderhandeln.

Als der große Tempel fertig war, kamen die Leute von überall her dorthin, um zu Gott zu beten. Bald feierte man dort das Paschafest. Dann wurde auch die Stadt wieder aufgebaut. Jerusalem wurde wieder genauso schön, wie es früher gewesen war.

DER PROPHET JONA

Jonas Geschichte ist ein bisschen wie die der Israeliten: Er hörte Gottes Wort, aber er gehorchte ihm nicht immer. So weigerte er sich für Gott, in die fremde Stadt Ninive zu gehen.

Gott wollte, dass Jona die Einwohner von Ninive besuchte, um ihnen zu verkünden, dass Gott sie für ihre bösen Taten bestrafen wollte. Aber Jona lief weg und nahm ein Schiff in die entgegengesetzte Richtung. Da schickte Gott einen heftigen Sturm.

Die Matrosen hatten Angst. Jona sagte: „Werft mich ins Wasser, denn ich habe meinem Gott nicht gehorcht. Darum hat Gott diesen Sturm geschickt." Was blieb den Matrosen übrig? Sie warfen Jona ins Wasser und der Wind legte sich sofort.

Ein riesiger Fisch verschluckte Jona. Drei Tage und Nächte verbrachte Jona betend im Bauch des Fisches. Dann befahl Gott dem Fisch, Jona an Land zu spucken. Jetzt gehorchte Jona und ging nach Ninive.

Viele Jahre später besetzten die Römer das Land der Israeliten. Das Volk Israel vergaß die Worte seines Gottes nicht. Es wartete auf die Ankunft eines Königs, der Gottes Geist haben und erfüllt sein sollte von der Liebe zu den Menschen.

DAS NEUE TESTAMENT

EIN SOHN FÜR ZACHARIAS

Gott bestimmte, dass Zacharias und seine Frau die Eltern des letzten Propheten sein sollten. Er sollte Johannes heißen und den Menschen die nahe Ankunft von Jesus, dem Erlöser, verkünden.

Zacharias streute gerade im Tempel Weihrauchkörner über ein Kohlenfeuer, als ihm ein Engel erschien. Er verkündete ihm, dass er bald einen Sohn bekommen würde. Zacharias war erstaunt, denn seine Frau Elisabeth und er waren schon sehr alt.

DER ENGEL KOMMT ZU MARIA

Gott schickte den Engel Gabriel auch in die Stadt Nazareth. Dort sollte er Maria, einer jungen Frau, sagen, dass sie die Mutter von Jesus sein würde.

Maria freute sich. Bald würde sie heiraten.

Ihr Verlobter hieß Josef. Er war Zimmermann.

Eines Tages kam der Engel Gabriel zu Maria.

Er sagte: „Gott hat dich als Mutter seines Sohnes Jesu ausgewählt."

MARIAS GEHEIMNIS

Maria wollte ihr Geheimnis und ihre Freude mit jemandem teilen.
Darum besuchte sie ihre Verwandte Elisabeth.

Elisabeth erzählte Maria: „Weißt du, auch uns hat der Engel Gabriel besucht. Er hat Zacharias gesagt, dass unser Sohn die Herzen der Menschen auf die Ankunft Jesu vorbereiten würde. Man wird ihn Johannes den Täufer nennen."

Als Josef erfuhr, dass Maria schwanger war, wollte er sich von ihr trennen.
Da erschien ihm ein Engel und sagte zu ihm: „Heirate Maria, Josef. Ihr Kind hat keinen Menschen zum Vater, Gott ist sein Vater." Da heiratete Josef Maria.

AUF DEM WEG NACH BETLEHEM

Bald sollte Jesus geboren werden. Aber Maria und Josef mussten zuvor nach Betlehem ziehen, wo Josefs Vorfahren gelebt hatten.

Auf Befehl des Kaisers musste sich jeder in seiner Heimatstadt melden.

Maria packte Proviant ein und Kleider für ihr Baby.

Maria ritt auf einem Esel, aber der Weg war lang, sehr lang. Wie erleichtert waren Maria und Josef deshalb, als sie endlich die ersten Häuser von Betlehem sahen.

JESUS WIRD GEBOREN

Maria und Josef waren müde. Maria spürte, dass ihr Kind auf die Welt kommen würde. Sie war beunruhigt, denn viele Menschen waren nach Betlehem gekommen und in den Herbergen gab es keinen Platz mehr.

Sie suchten in der ganzen Stadt, aber sie fanden nirgends ein Zimmer.

Zum Glück bot ihnen jemand einen Stall zum Übernachten an.

Dort wurde Jesus geboren.
Maria wickelte ihn in Windeln.

Sie legte ihn in eine Futterkrippe, die mit Stroh gefüllt war.

DIE FROHE BOTSCHAFT

Draußen auf den Feldern hüteten Hirten ihre Schafe. Mitten in der Nacht erstrahlte plötzlich ein helles Licht.

Die Hirten bekamen Angst. Was geschah da? Auf einmal erschienen Engel, die sprachen: „Fürchtet euch nicht, denn wir verkünden euch eine große Freude!"

Und sie erzählten ihnen von der Geburt des Erlösers Jesus Christus.
Die Hirten brachen sofort auf. Sie wollten dieses besondere Kind gerne sehen.

DIE ANBETUNG DER HIRTEN

Als sie Jesus gefunden hatten, freuten sie sich und lobten Gott. Sie erzählten Maria und Josef, was sie auf den Feldern erlebt hatten.

DIE DREI WEISEN

Die drei Weisen waren reiche und kluge Männer. Sie wussten, dass eines Tages der Erlöser kommen würde, um die Welt zu erretten. Ein großer, heller Stern sollte seine Geburt anzeigen.

Als die drei Weisen den Stern sahen, folgten sie ihm bis nach Betlehem. Sie warfen sich vor Jesus auf die Knie und schenkten ihm Gold, Weihrauch und Myrrhe. Weihrauch verbrannte man zur Ehre Gottes und Myrrhe war ein sehr wertvolles Öl.

JESUS IM TEMPEL

Jesus wuchs in Nazareth auf. Als er zwölf Jahre alt wurde, nahmen ihn seine Eltern zum Paschafest nach Jerusalem mit.

Sie aßen mit ihren Freunden das traditionelle Lamm und die ungesäuerten Brote. Nach dem Fest blieb Jesus im Tempel, ohne dass seine Eltern davon wussten.

Auf dem Heimweg bemerkten die Eltern sein Verschwinden und kehrten sofort um. Sie suchten ihn in ganz Jerusalem. Schließlich fanden sie ihn im Tempel. Jesus war im Haus seines Vaters geblieben.

JESUS WIRD GETAUFT

Jahre später begann Johannes die nahe Ankunft des Gottessohnes zu verkünden. Er ermutigte die Leute, wieder gute Menschen zu werden. Die, die sich ändern wollten, taufte er in einem Fluss, dem Jordan.

Eines Tages kam auch Jesus zu ihm und wollte sich taufen lassen. Während der Taufe öffnete sich der Himmel und der Heilige Geist schwebte als Taube auf Jesus herab. Dann erklang die Stimme Gottes: „Jesus, du bist mein geliebter Sohn, an dir habe ich Wohlgefallen."

JESUS UND SEINE JÜNGER

Jesus erklärte den Menschen, dass Gott sie alle liebe und dass sie versuchen sollen sich gegenseitig auch zu lieben. Jesus wählte sich einige Begleiter aus, die mit ihm diese Botschaft weitergeben sollten.

Eines Tages ging Jesus an einem See entlang und sah zwei Fischer, Petrus und Johannes, die gerade mit leeren Netzen vom Fischfang zurückkamen. Jesus befahl ihnen, erneut hinauszufahren und ihre Netze noch einmal auszuwerfen.

Petrus und Johannes wunderten sich sehr, aber sie gehorchten. Diesmal fingen sie so viele Fische, dass die Netze zu zerreißen drohten. Nach diesem Wunder ließen sie ihr Boot und ihre Arbeit zurück und folgten Jesus.

Jesus wählte zwölf Männer aus, die seine Jünger sein sollten.
Sie folgten Jesus, hörten ihm zu und lernten ihn immer besser kennen.

Matthäus war ein Zöllner, ein Steuereintreiber. Kaum jemand mochte ihn. Jesus sagte zu ihm: „Komm mit mir!“ Matthäus folgte Jesus und wurde einer seiner Jünger.

Oft sammelte Jesus seine Jünger um sich. Dann erzählte er ihnen viel von Gott, seinem Vater, der der Vater aller Menschen ist. Später gab er ihnen den Auftrag allen Menschen die Liebe Gottes zu verkünden.

DIE HOCHZEIT ZU KANAAN

Einmal war Jesus zu einer Hochzeit eingeladen. Dort tat er sein erstes öffentliches Wunder und verwandelte Wasser in Wein. Seine Jünger begannen zu glauben, dass er wirklich der Sohn Gottes sei.

Das Festessen war noch lange nicht zu Ende, als die Diener bemerkten, dass bald kein Wein mehr da sein würde. Maria war auch auf der Hochzeit. Als sie merkte, dass es für die Gastgeber peinlich wurde, bat sie Jesus etwas zu tun.

Jesus bat die Diener, die leeren Wasserkrüge mit Wasser aufzufüllen und dann den Gästen auszuschenken. Es war aber kein Wasser, was die Diener da einschenkten, sondern ausgezeichneter Wein. Das Fest war gerettet!

DIE BERGPREDIGT

Eines Tages setzte Jesus sich auf einen Berg und redete zu vielen Menschen. Er erzählte ihnen vom Reich Gottes, das nicht für die reichen und mächtigen, sondern für die gütigen Menschen offen sei.

Jesus lehrte die Menschen, Gott wie einen Vater anzusprechen:

Vater unser im Himmel,
geheiligt werde Dein Name.
Dein Reich komme.
Dein Wille geschehe,
wie im Himmel, so auf Erden.
Unser tägliches Brot gib uns heute.
Und vergib uns unsere Schuld,
wie auch wir vergeben unseren Schuldigern.
Und führe uns nicht in Versuchung,
sondern erlöse uns von dem Bösen.

JESUS HEILT DIE KRANKEN

Von weit her kamen die Menschen, um diesem ungewöhnlichen Mann zu lauschen, der Wunder wirkte und von der Liebe Gottes erzählte.

Eines Tages kam ein Leprakranker zu Jesus und sagte: „Herr, wenn du willst, kannst du mich heilen.“ Seine Worte bewegten Jesus und er heilte ihn. Der Mann war sehr froh. So zeigte Gott durch seinen Sohn, wie stark seine Liebe zu den Menschen ist.

Einmal wurde ein gelähmter Mann auf einem Bett zu Jesus getragen. Jesus sprach: „Steh auf und geh heim!“, und der Mann stand auf. Erst staunten die Leute nur, dann dankten sie Gott für dieses Wunder.

Jesus tröstete die Traurigen, heilte die Kranken und erweckte sogar Tote wieder zum Leben. In welche Stadt Jesus auch kam, stets empfingen ihn viele begeisterte Menschen.

Jesus machte einen Blinden, der den Sohn Gottes sehen wollte, wieder sehend. Er heilte auch den Knecht eines römischen Hauptmanns, der schwer krank war.

Ein anderes Mal wurde Jesus in ein Haus gerufen, in dem ein kleines Mädchen gestorben war. Die Eltern weinten laut vor Kummer. Jesus nahm das Mädchen bei der Hand und sagte zu ihm: „Steh auf!“. Da wurde das Mädchen wieder lebendig.

JESUS BEFIEHLT DEM STURM

Wo immer Jesus Wunder vollbrachte, wurden die Menschen dadurch aufgerüttelt. So etwas hatten sie noch nie erlebt und oft fragten sich die Jünger voller Staunen: „Wer ist dieser Mann?“

Als Jesus und seine Jünger einmal in einem Boot mitten auf einem See waren, kam ein gewaltiger Sturm auf. Die Jünger dachten schon, sie müssten ertrinken. Aber Jesus befahl dem Sturm und dem Wasser ruhig zu werden. Und sie gehorchten!

JESUS ERZÄHLT GLEICHNISSE

Damit die Menschen seine Botschaft vom Reich Gottes besser verstanden, erzählte Jesus schöne und einfache Geschichten: die Gleichnisse.

Es war einmal ein Hirte, der ließ seine Herde zurück, um ein einziges Schaf zu suchen, das sich in den Bergen verirrt hatte. Wie glücklich war er, als er es endlich gefunden hatte!

Mit dieser Geschichte will Jesus zeigen, dass Gott die Menschen niemals alleine lässt. Er tut alles, um sie wieder zu sich zurückzuholen und freut sich sehr, wenn ein Mensch gerettet werden will.

DER BARMHERZIGE SAMARITER

Einmal fragte ein Schriftgelehrter Jesus, was er tun müsse, um das ewige Leben im Reich Gottes zu erlangen. Jesus antwortete ihm: „Liebe Gott und deinen Nächsten wie dich selbst."

Aber der Gelehrte fragte: „Wer ist mein Nächster?"
Da erzählte ihm Jesus eine Geschichte:
„Auf einer langen Reise wurde ein Mann von Räubern überfallen. Sie schlugen ihn, stahlen ihm seine Sachen und ließen ihn halbtot liegen. Mehrere Reisende gingen an dem Verletzten vorüber, doch keiner half ihm. Nur ein Samariter, ein Ausländer, hatte Mitleid. Er verband ihm die Wunden und brachte ihn zur nächsten Herberge. Dort gab der Samariter dem Wirt Geld, damit er den Verletzten gesund pflegen konnte."

Nach dieser Geschichte sagte Jesus zu dem Gelehrten: „So wie der Samariter sollst du auch handlen."

DER VERLORENE SOHN

Mit der Geschichte vom verlorenen Sohn wollte Jesus zeigen, dass Gott uns wie ein Vater liebt. Er verzeiht uns unsere Fehler , wenn sie uns leid tun und wir zu Gott zurückkehren.

Jesus erzählte: „Es war einmal ein reicher Bauer, der hatte zwei Söhne. Der jüngere ließ sich von seinem Vater seinen Erbteil geben und ging mit diesem Geld in die weite Welt hinaus. Er führte ein lustiges Leben, lebte in Saus und Braus und gab das Geld aus, ohne sich um den nächsten Tag zu kümmern. Als er alles Geld ausgegeben hatte, verließen ihn seine Freunde.
Mit einem Mal war er arm und einsam.

Da beschloss er zu seinem Vater zurückzukehren und ihn um Verzeihung zu bitten. Er wollte als Knecht bei ihm arbeiten. Als sein Vater ihn kommen sah, lief er ihm entgegen und umarmte ihn. Er ließ ein großes Fest feiern, so sehr freute er sich über die Rückkehr seines Sohnes.

DIE BROTVERMEHRUNG

Eines Tages waren Jesus und seine Jünger von mehreren Tausend Menschen umgeben. Sie wollten Jesus reden hören oder sich von ihm segnen oder heilen lassen.

Als es Abend wurde, bekamen die Leute Hunger. Da stellten die Jünger fest, dass kein Dorf in der Nähe war und es nur zwei Fische und fünf kleine Brote gab. Die gehörten einem kleinen Jungen.

Jesus nahm die Brote und die Fische und dankte Gott für seine Hilfe. Dann teilten die Jünger die Brote und die Fische an die Menge aus. Und alle wurden satt.

JESUS GEHT AUF DEM WASSER

Eines Nachts befanden sich die Jünger alleine auf einem Boot. Es blies ein starker Wind und sie mussten kräftig rudern, um dagegen anzukommen. Da sahen sie plötzlich Jesus.

Die Jünger dachten, er sei ein Gespenst, aber Petrus sagte: „Wenn du Jesus bist, so mach, dass ich auch auf dem Wasser gehen kann." Jesus war einverstanden. Petrus stieg aus dem Boot und ging über das Wasser. Auf einmal bekam er Angst. Weil er Jesus nicht mehr vertraute, sank er. Jesus streckte ihm seine Hand hin.

JESUS SEGNET DIE KINDER

Jesus unterhielt sich oft mit seinen Jüngern. Er sagte ihnen, dass man wie ein Kind werden müsse, um in das Reich Gottes zu kommen.

Eines Tages brachten Eltern ihre Kinder zu Jesus, damit er sie segnete. Die Jünger wollten sie wegschicken, weil sie dachten, die Kinder würden Jesus stören.

Aber Jesus sagte: „Lasst alle Kinder zu mir kommen!“ Er setzte eines der Kinder auf seinen Schoß, segnete es und erklärte den Jüngern, dass für Gott die Kinder genauso wichtig seien wie die Erwachsenen.

JESUS UND ZACHÄUS

Viele, die Jesus kennen lernten, wurden gute und großzügige Menschen. So war es auch mit Zachäus, einem Zöllner, der sich auf Kosten der armen Leute bereichert hatte.

Jesus kam in die Stadt, in der Zachäus wohnte. Weil Zachäus klein war, kletterte er auf einen Baum, um Jesus zu sehen. Jesus entdeckte ihn und wollte ihn besuchen.

Voller Freude rannte Zachäus nach Hause, um mit viel Eifer alles für den wichtigen Gast vorzubereiten. Als Jesus kam, erklärte Zachäus ihm, dass er von nun an die Hälfte seines Geldes den Armen geben wolle.

JESUS IN JERUSALEM

Wie alle Juden zu dieser Zeit ging auch Jesus nach Jerusalem, um dort das große Paschafest zu feiern. Jesus war jetzt 33 Jahre alt. Sein Einzug in Jerusalem glich einem Triumphzug.

Jesus hatte seinen Jüngern anvertraut, dass er bald für die Menschen sterben würde. Zwei seiner Jünger trug er auf, einen jungen Esel für ihn zu suchen. Als sie ihm das Tier brachten, ritt er auf ihm nach Jerusalem.

Die Menschen hörten, dass Jesus kommen sollte. Sie stellten sich an den Wegrand, winkten mit Palmzweigen und jubelten Jesus zu: „Hosianna! Gelobt sei der, den Gott geschickt hat!“

DIE TEMPELREINIGUNG

Jesus ging in den Tempel, um zu seinem Vater zu beten. Da sah er, dass in dem geheiligten Tempelhof Händler ihre Stände aufgebaut hatten.

Jesus wurde wütend. Er stieß die Tische um und jagte die Händler mit ihren Tieren hinaus. Der Tempel war das Haus Gottes, ein Haus des Gebetes, und kein Markt!

Nachdem die Händler vertrieben waren, kamen Blinde und Lahme in den Tempel, um sich von Jesus heilen zu lassen und Gott zu loben.

JUDAS VERRÄT JESUS

Die Hohepriester des Tempels fürchteten den Einfluss, den Jesus auf die Menschen hatte. Sie waren so aufgebracht und neidisch, dass sie beschlossen, Jesus müsse sterben.

Jesus und seine Jünger waren bei einem Freund zu Gast. Eine Frau kam und wusch Jesus mit einem kostbaren Öl die Füße. Judas war wütend über diese Geldverschwendung. Aber Jesus dankte ihr, denn sie hatte es aus Liebe getan.

Bald danach schlich sich Judas zu den Hohepriestern und traf eine Abmachung mit ihnen: Für 30 Silberstücke würde er Jesus an sie ausliefern.

DAS LETZTE ABENDMAHL

Jesus wusste, dass er bald sterben und zu seinem Vater gehen würde. Ein letztes Mal versammelte er seine Jünger um sich, um mit ihnen das Paschafest zu feiern.

Als alle versammelt waren, band sich Jesus ein Tuch um die Hüfte, kniete nieder und wusch allen Jüngern die Füße.

Damit wollte Jesus seinen Jüngern zeigen, wie sie sich verhalten sollten. Sie sollten anderen Menschen dienen und ihnen Gutes tun.

JESUS GIBT SEIN LEBEN HIN

Während des letzten Abendmahls gab Jesus seinen Jüngern einen letzten Auftrag: „Ich hinterlasse euch nur ein Gebot“, sagte er. „Liebt einander, wie ich euch geliebt habe!“

Jesus nahm das Brot, sprach das Dankgebet und gab es seinen Jüngern mit den Worten: „Nehmt! Das ist mein Leib, den ich für euch hingebe.“

Dann nahm Jesus den Kelch mit Wein. Er gab ihn seinen Jüngern und sagte: „Dies ist mein Blut, das vergossen wird, damit den Menschen ihre Schuld vergeben wird.“ Als sie mit dem Essen fertig waren, ging Judas hinaus. Er wollte Jesus verraten.

JESUS WIRD GEFANGEN GENOMMEN

Jesus ging mit seinen Jüngern nach dem Mahl in einen Garten, der auf dem Ölberg lag. Er wollte beten, denn er war sehr traurig.

Obwohl Jesus der Sohn Gottes war, war er auch ein Mensch. Und wie alle Menschen hatte er Angst vor Schmerzen und Angst vor dem Tod. Während er betete, schliefen seine Jünger ein.

Plötzlich näherten sich Schritte. Es waren die Hohepriester mit ihren Knechten. Judas führte sie an. Er trat auf Jesus zu und küsste ihn. Das war das verabredete Zeichen. Jesus wurde gefangen genommen. Die entsetzten Jünger liefen weg.

JESUS VOR DEN HOHEPRIESTERN

Jesus war von seinem Jünger Judas verraten worden und stand nun vor den Hohepriestern. Sie wollten über ihn richten.

Der oberste Hohepriester fragte Jesus: „Bist du der Sohn Gottes?“
Jesus antwortete: „Ich bin es.“ Alle waren entsetzt. Niemand durfte so etwas von sich sagen. Das Gesetz verlangte dafür die Todesstrafe.

Als Judas hörte, dass Jesus sterben sollte, tat ihm plötzlich Leid, was er getan hatte. Er ging zu den Hohepriestern und warf ihnen das Geld hin. Er wollte es nicht mehr haben. Er hatte einen unschuldigen Freund verraten! Deshalb erhängte er sich.

JESUS WIRD ZUM TOD VERURTEILT

Jesus wurde vor Pontius Pilatus geführt. Pilatus war ein Vertreter des römischen Kaisers. Nur er konnte Jesus zum Tod verurteilen.

Pontius Pilatus konnte an Jesus keine Schuld finden, die den Tod verdient hätte. Er sagte zu den Leuten, die draußen warteten: „Ich finde nichts Böses an ihm.“ Aber die Hohepriester wollten Jesus tot sehen, weil er sich „Sohn Gottes“ genannt hatte.

Das Volk schrie: „Töte ihn, kreuzige ihn!“ Da gab Pilatus den Befehl Jesus auszupeitschen und dann zu kreuzigen. Die Soldaten legten Jesus einen roten Mantel um, setzten ihm eine Dornenkrone auf und lachten ihn aus.

DER WEG ZUR KREUZIGUNG

Die Soldaten luden Jesus ein schweres Kreuz auf die Schultern. Er sollte es bis auf den Hügel Golgatha tragen. Dort würde er gekreuzigt werden.

Das Kreuz war schwer, Jesus hatte kaum die Kraft, es zu tragen. Viele Menschen begleiteten ihn. Einige beschimpften ihn, andere weinten.

Die Soldaten zwangen einen Mann mit Namen Simon, Jesus das Kreuz abzunehmen und es zu tragen. Auf Golgatha angekommen, nagelten die Soldaten Jesus ans Kreuz und verteilten seine Kleider.

JESUS AM KREUZ

Zusammen mit Jesus wurden zwei Verbrecher gekreuzigt. Der eine beschimpfte Jesus, der andere aber verteidigte ihn. Zu ihm sagte Jesus: „Du wirst noch heute mit mir im Paradies sein."

Die Leute verspotteten Jesus: „Wenn du wirklich Gottes Sohn bist, warum rettest du dich dann nicht?" Aber Jesus betete: „Vater, vergib ihnen ihre Schuld. Sie wissen nicht, was sie tun."

JESUS STIRBT

Ein letztes Mal redete Jesus mit Gott: „Vater, in deine Hände lege ich meinen Geist.“ Dann fiel sein Kopf auf seine Schultern. Jesus war tot.

In diesem Moment wurde es stockdunkel und die Erde erbebte. Die Menschen bekamen Angst und flohen. Als es Abend wurde, stieß ein Soldat Jesus mit seinem Speer in die Brust. Er wollte sehen, ob Jesus wirklich tot war.

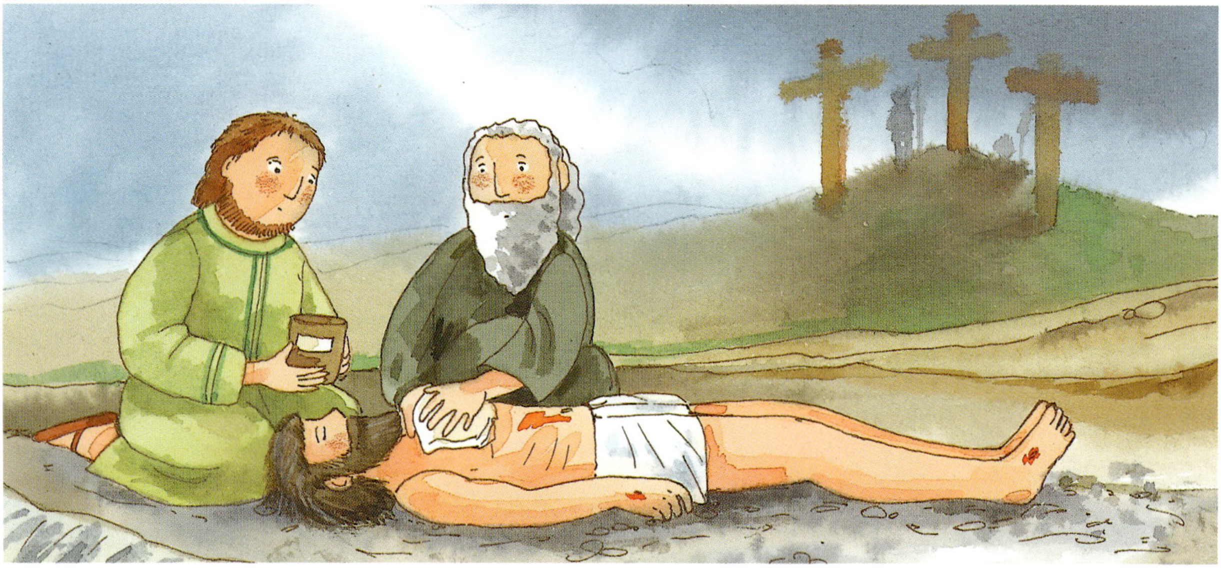

Zwei Freunde von Jesus baten Pilatus um die Erlaubnis, den Toten vom Kreuz abnehmen und bestatten zu dürfen. Pilatus war einverstanden.

JESUS WIRD INS GRAB GELEGT

Jesus wurde in ein Grab gelegt, das in einen Felsen gehauen war. Es lag nicht weit weg von der Stelle, wo er gekreuzigt worden war.

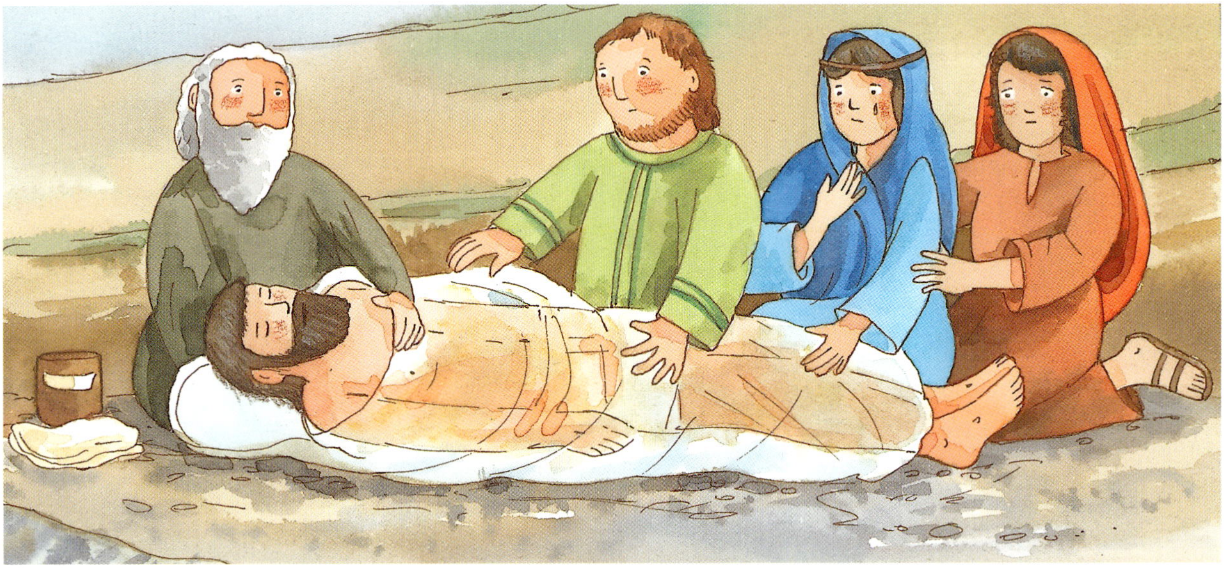

Bevor Jesus in das Grab gelegt wurde, hüllten die Freunde seinen Körper in ein großes Leinentuch. So war es damals üblich.

Um das Grab zu schließen rollten sie einen großen Stein vor den Eingang. Dann kehrten sie traurig und bedrückt in die Stadt zurück.

JESUS IST AUFERSTANDEN!

Drei Tage später ging Maria Magdalena, die Jesus gut gekannt hatte, zum Grab. Da sah sie, dass der Stein vor dem Grab weggerollt worden und der Tote verschwunden war.

Sie liefen los und holten Petrus und Johannes. Die beiden Jünger stürzten zum Grab.

Dort mussten auch sie feststellen, dass der Tote nicht mehr da war und nur noch das Leichentuch im Grab lag.

Maria Magdalena aber blieb beim Grab und weinte. Da sah sie plötzlich zwei Engel vor sich. Sie verkündeten ihr, dass Jesus von den Toten auferstanden sei. Kurz darauf begegnete ihr ein Mann, der ihren Namen rief. Es war Jesus!

JESUS ERSCHEINT SEINEN JÜNGERN

Maria Magdalena gab die gute Nachricht sofort an die Jünger weiter: Jesus lebte, er war auferstanden! Aber die Jünger glaubten ihr nicht. Später erschien Jesus auch den Jüngern.

Eines Abends, als sich die Jünger hinter verschlossener Tür versammelt hatten, kam Jesus zu ihnen. Sie waren entsetzt, denn sie hielten ihn für einen Geist. Aber Jesus sagte zu ihnen: „Habt keine Angst!“, und aß mit ihnen.

Thomas, einer der Jünger, war nicht dabei. Er konnte nicht glauben, dass Jesus wirklich lebte. Deshalb erschien Jesus noch einmal. Er zeigte Thomas seine Wunden und sagte zu ihm: „Hör auf zu zweifeln. Glaube mir!“

CHRISTI HIMMELFAHRT

Jesus gab seinen Jüngern den Auftrag, in der ganzen Welt seine frohe Botschaft zu verkünden: „Gott ist stärker als der Tod. Und er möchte, dass auch die Menschen das ewige Leben erlangen."

Jesus versprach seinen Jüngern, dass sie bald die Kraft des Heiligen Geistes empfangen würden. Dann verschwand er und kehrte zu Gott, seinem Vater, zurück.

DAS PFINGSTWUNDER

Auch am Pfingsttag hatten sich die Jünger versammelt. Plötzlich erfüllte ein gewaltiges Brausen ihr Haus und kleine Zungen wie von Feuer ließen sich auf jedem nieder.

So bekamen die Jünger die Kraft, die Jesus ihnen versprochen hatte. Auf einmal konnten sie in allen Sprachen der Welt sprechen. So würde man sie überall verstehen. Die Jünger machten sich auf den Weg. Auf der ganzen Welt verkündeten sie die Geschichte von Jesus und die Botschaft von der Liebe Gottes.

BASTELN FÜR DIE GROSSEN FESTE

DER WEIHNACHTSSTERN

Material: weißes Papier, Schere, Klebeband, Hefter, Goldpapier und Geschenkbänder.

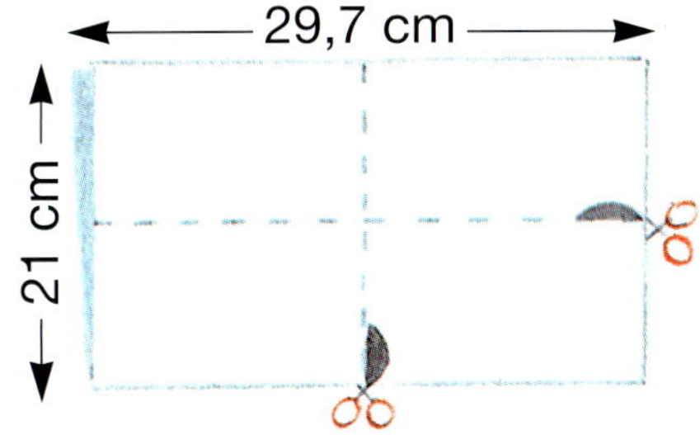

1- Schneide das Blatt in 4 gleiche Rechtecke.

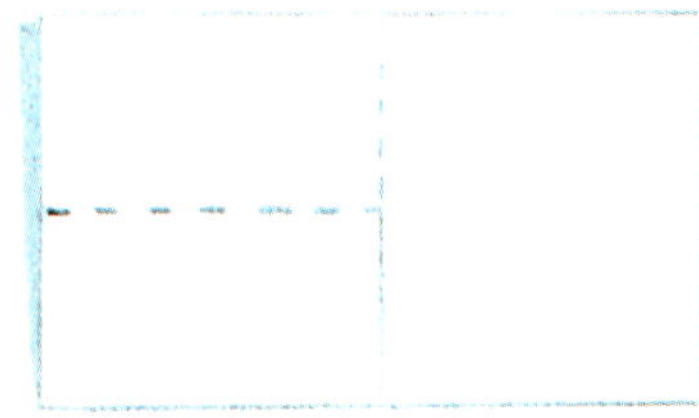

2- Schneide noch ein fünftes Rechteck aus.

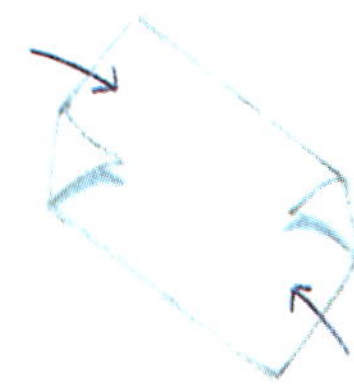

3- Falte die Rechtecke zu kleinen Hütchen.

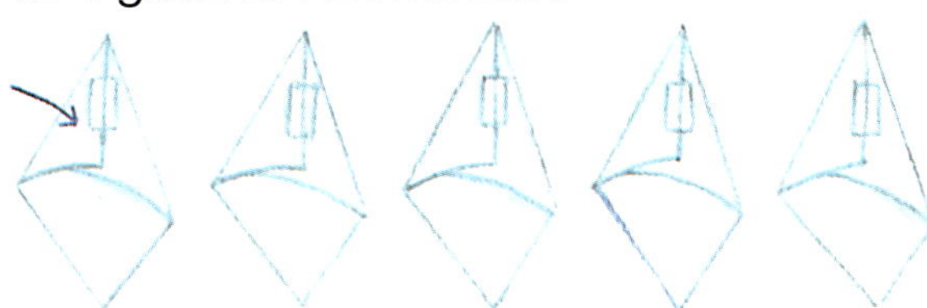

4- Schließe die Hütchen mit Klebeband.

5- Wickle jedes Hütchen in Goldpapier.

6- Klebe das Goldpapier mit Klebeband fest.

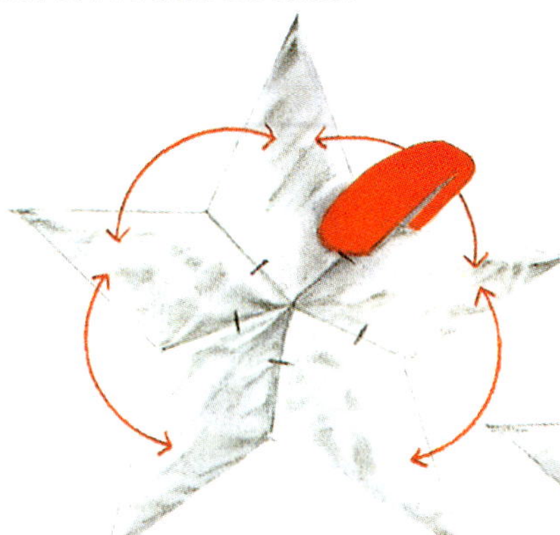

7- Hefte die 5 Hütchen wie auf dem Bild mit einem Hefter zusammen.

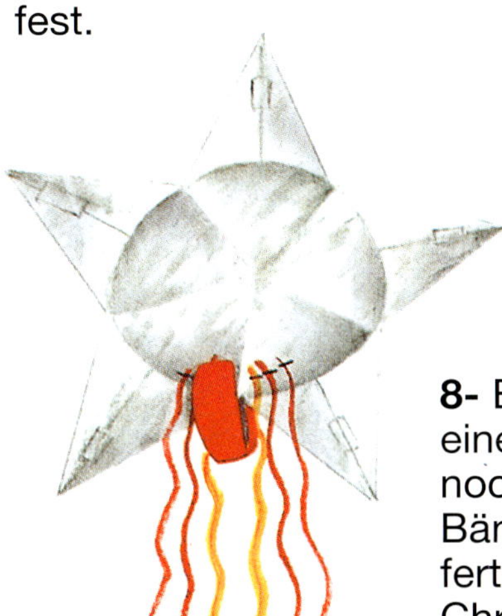

8- Befestige an einer der Klammern noch ein paar Bänder – und fertig ist der Christschmuck.

DIE WEIHNACHTSKRIPPE

Material: Karton (mindestens 35 x 25 cm), Schere, Klebstoff, Klebeband, weißer Pappkarton, hellbraunes, dunkelbraunes, dunkelblaues, weißes und gelbes Kreppapier, Deckweiß, gelbe Wasserfarbe.

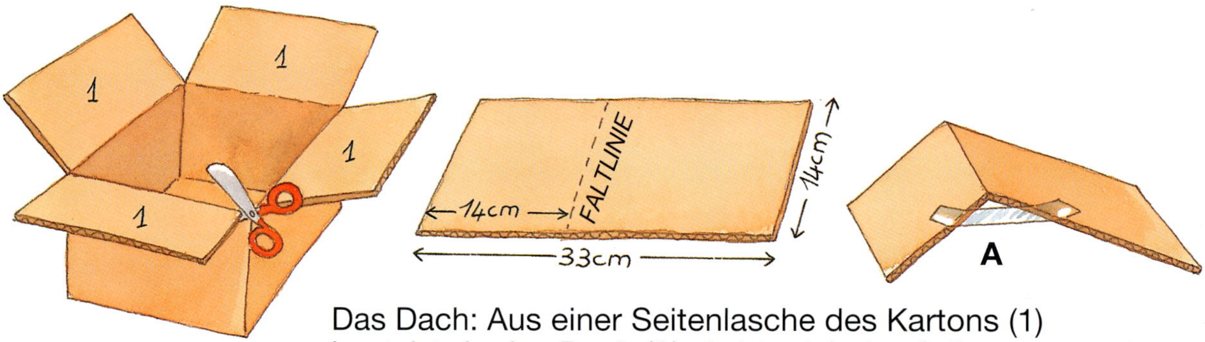

Das Dach: Aus einer Seitenlasche des Kartons (1) bastelst du das Dach (A). Achte dabei auf die Längenangaben. Knicke den Karton an der markierten Linie und fixiere ihn mit Klebeband.

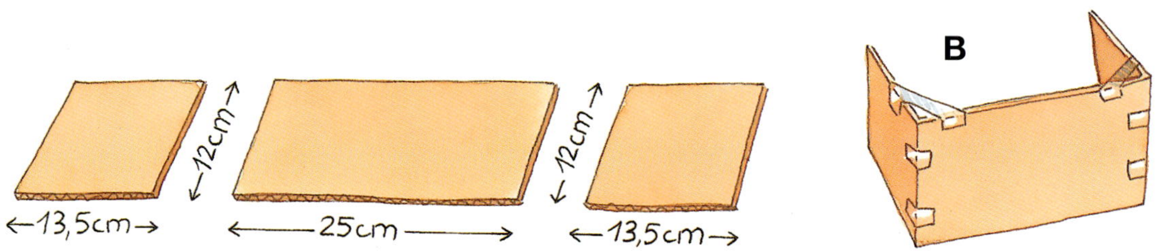

Die Wand: Aus den anderen Seitenlaschen (1) schneidest du drei Rechtecke aus. Klebe sie mit Klebeband zusammen.

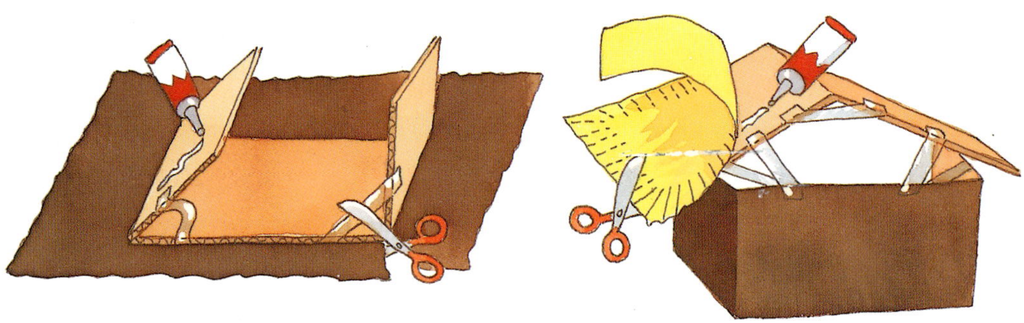

Beklebe nun die Außenseiten der Wand mit dunkelbraunem Krepppapier. Befestige das Dach mit Klebeband und bedecke es mit gelbem Krepppapier. Es muss etwas überstehen. So kannst du am Rand Fransen einschneiden.

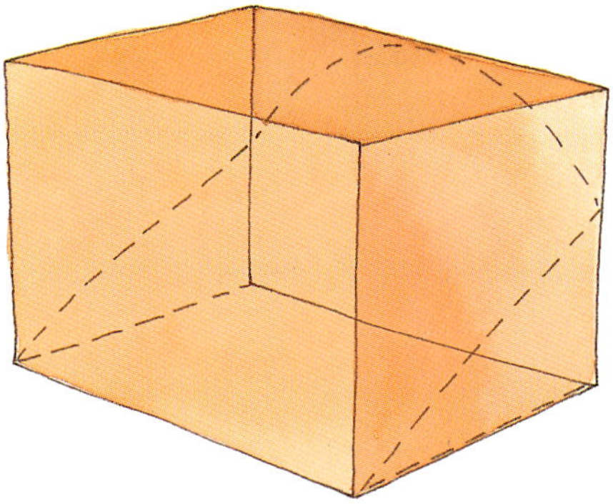

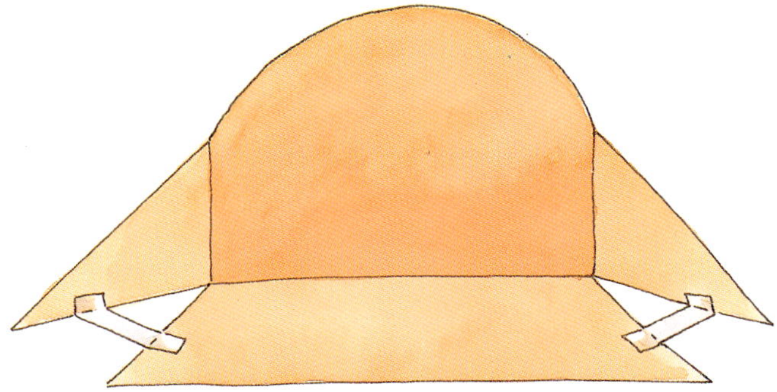

Der Hintergrund: Schneide den Karton so wie auf der Abbildung.

Beklebe den Hintergrund mit blauem Krepp. Er stellt die Nacht dar.

Bedecke den Boden mit dunkelbraunem Krepp. Die beiden Seitenflügel machst du mit Krepp oder Watte fülliger und klebst hellbraunes Krepp darüber. Mit Deckweiß malst du Punkte auf den Himmel und mit Gelb kleine Tupfer auf die Felsen.

Schneide einen Stern aus dem gelben Kreppapier und dann Wolken aus der weißen Pappe. Auf die Wolken kannst du noch Kügelchen aus weißem Krepp oder Watte kleben.

Nun wartet die Krippe nur noch auf Jesus, Maria, Josef und die Tiere!

DER OSTERHASE

Material: rosa, grüne und weiße Knetmasse, Plastikmesser, weißes Papier, Schere, Nudelholz, rosa Krepppapier.

Bereite aus weißer Knete die einzelnen Teile vor.

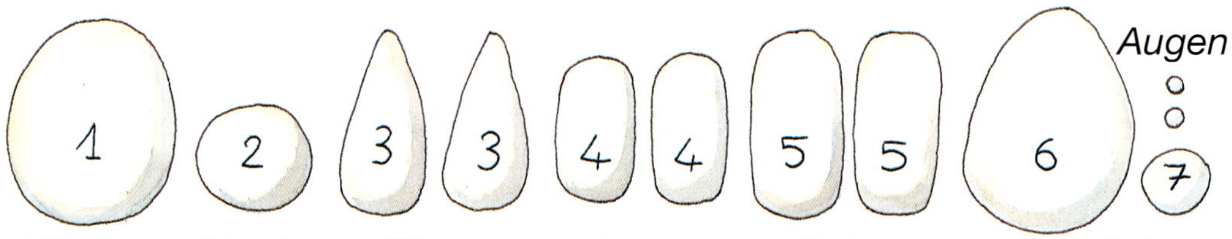

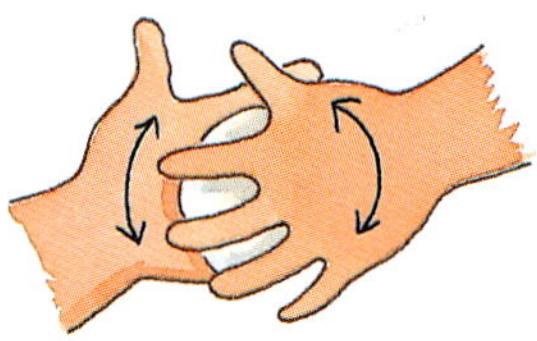

Kugeln: Rolle in Kreisbewegungen die Knetmasse zwischen den Händen.

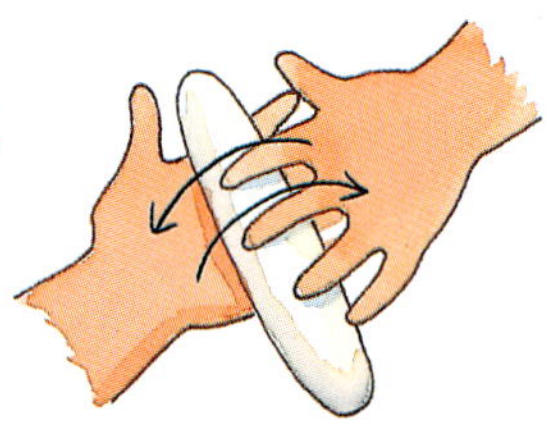

Würste: Rolle die Knetmasse zwischen den Händen hin und her.

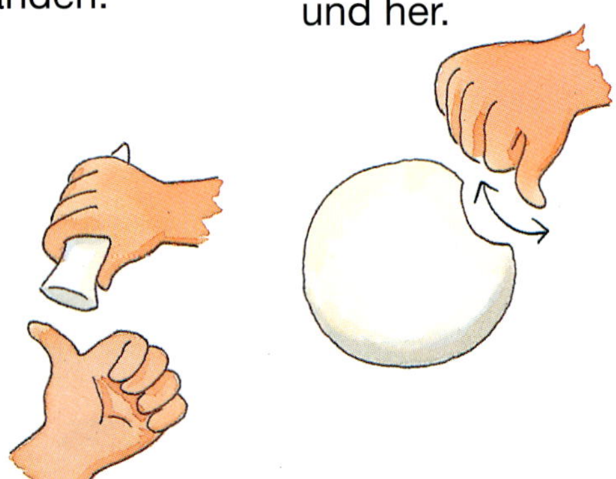

An den Enden drückst du die Knete mit deinem Daumen etwas flach!

Füge nun die Teile zusammen. Sieh dir den Hasen auf der nächsten Seite an, dann weißt du, wie der fertige Hase aussehen soll. Lass dir von einem Erwachsenen helfen.

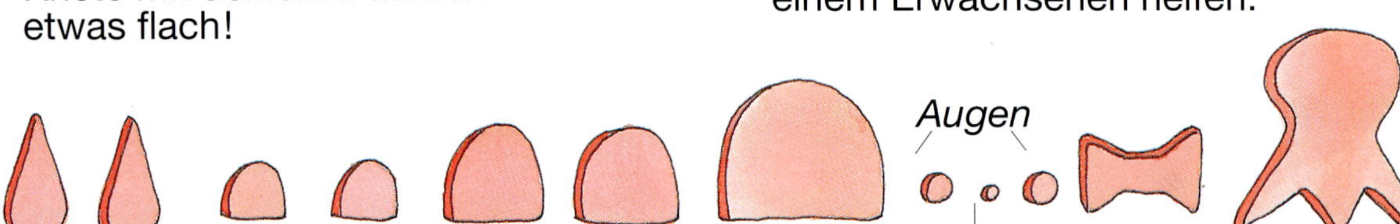

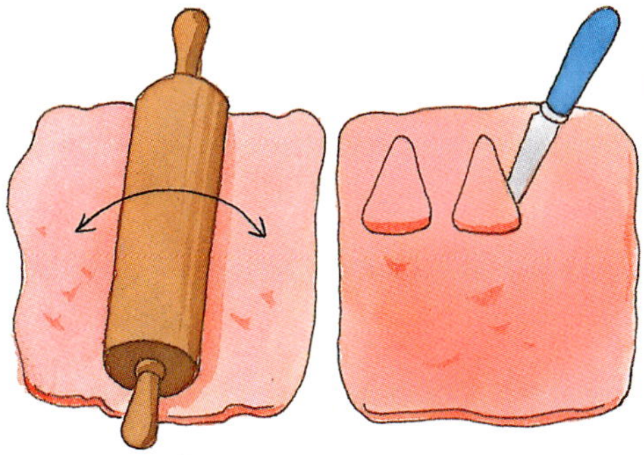

Schleife für das Ei

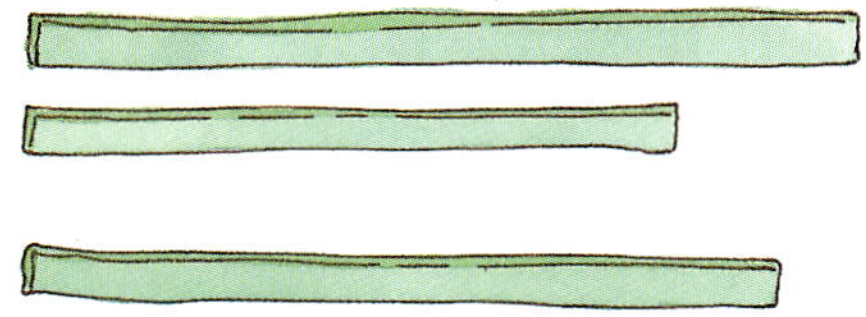

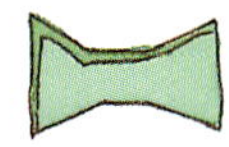

Schleife für den Hasen

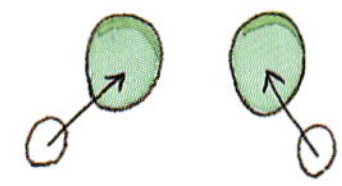

Augen des Hasen

Rolle die rosa Knetmasse dünn aus und schneide mit dem Messer die Teile aus, die du auf der linken Seite unten siehst. Aus der ausgerollten grünen Knetmasse schneidest du die Teile rechts aus.

Füge alle Teile an ihren Platz.

Lege ein ausgerolltes Stück grüner Knetmase auf ein Blatt Papier und schneide es wie auf der Abbildung.

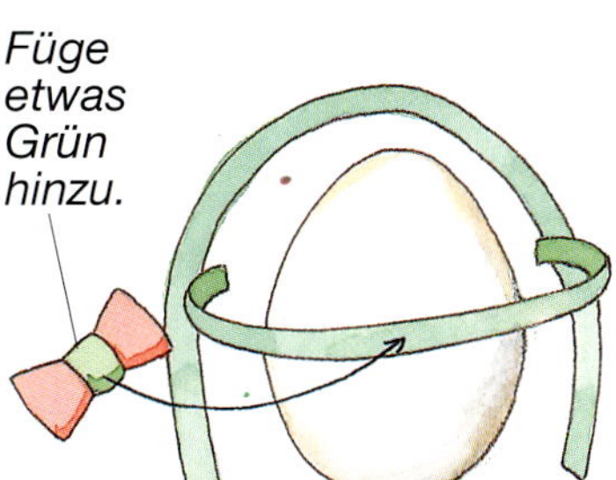

Den grünen Rasen hüllst du in rosa Krepppapier, auf den Rasen setzt du den Hasen und neben ihn legst du das verzierte Ei.

Frohe Ostern!

IN DER REIHE SIND ERSCHIENEN